George Washington

Cassie Mayer

Heinemann Library
Chicago, Illinois

© 2008 Heinemann Library
a division of Reed Elsevier Inc.
Chicago, Illinois

Customer Service **888-454-2279**

Visit our Web site at **www.heinemannlibrary.com**

Photo research by Tracy Cummins and Heather Mauldin
Designed by Kimberly R. Miracle
Maps by Mapping Specialists, Ltd.
Translation into Spanish produced by DoubleO Publishing Services
Printed and bound in China by South China Printing Company

10 09 08
10 9 8 7 6 5 4 3 2 1

13 Digit ISBN: 978-1-4329-0656-6 (hc)   978-1-4329-0665-8 (pb)
10 Digit ISBN: 1-4329-0656-9 (hc)   1-4329-0665-8 (pb)

Library of Congress Cataloging-in-Publication Data
Mayer, Cassie.
  [George Washington. Spanish]
  George Washington / Cassie Mayer.
    p. cm. -- (Primeras biografías)
  Includes bibliographical references and index.
  ISBN-13: 978-1-4329-0656-6 (hc)
  ISBN-13: 978-1-4329-0665-8 (pb)
  1. Washington, George, 1732-1799--Juvenile literature. 2. Presidents--United States--Biography--Juvenile literature. I. Title.
  E312.66.M32518 2007
  973.4'1092--dc22
  [B]
                                    2007040080

Acknowledgements
The author and publisher are grateful to the following for permission to reproduce copyright material: ©The Bridgeman Art Library International **pp. 6** (Free Library, Philadelphia, PA), **11** (Peter Newark American Pictures, Private Collection), **12** (Butler Institute of American Art), **19** (Peter Newark American Pictures, Private Collection), **21** (Peter Newark American Pictures, Private Collection); ©Corbis **pp. 7, 16** (Bettmann); ©Getty Images **pp. 4** (Stock Montage), **5, 18** (MPI), **22** (Stock Montage); ©The Granger Collection **pp. 14, 15**; ©Library of Congress Prints and Photographs Division **pp. 10, 13**; ©North Wind Picture Archives **pp. 17, 23**.

Cover image reproduced with permission of ©Getty Images (Stock Montage). Back cover image reproduced with permission of ©Library of Congress Prints and Photographs Division.

Every effort has been made to contact copyright holders of any material reproduces in this book.
Any omissions will be rectified in subsequent printings if notice is given to the publisher.

Contenido

Introducción

George Washington fue el primer
presidente de los Estados Unidos.
Un presidente es el líder de un país.

A Washington se le conoce como el "Padre de su país".

Los primeros años de su vida

la casa de Washington

Washington nació en 1732.
Vivió en Virginia.

Cuando Washington era un niño, se mudó a una granja.

Las colonias

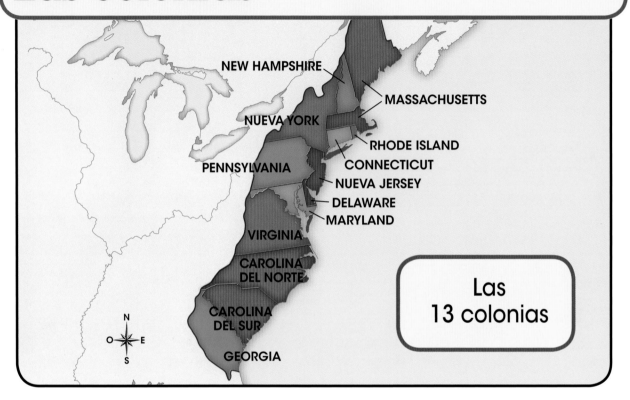

NEW HAMPSHIRE

MASSACHUSETTS

NUEVA YORK

RHODE ISLAND

CONNECTICUT

PENNSYLVANIA

NUEVA JERSEY

DELAWARE

MARYLAND

VIRGINIA

CAROLINA DEL NORTE

CAROLINA DEL SUR

GEORGIA

N
O · E
S

Las 13 colonias

Los Estados Unidos no eran todavía un país. Se les llamaba "las colonias americanas".

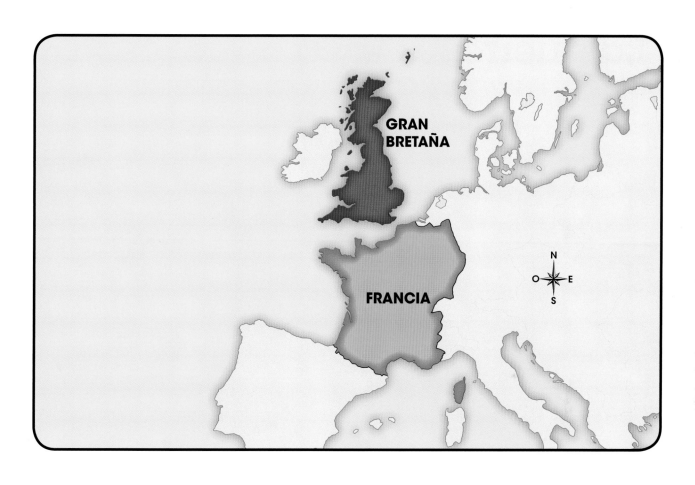

Las colonias estaban gobernadas por
Gran Bretaña. Algunas colonias estaban
gobernadas por Francia.

La guerra

Gran Bretaña y Francia entraron en guerra
en 1754. Lucharon por la tierra de
las colonias.

Washington lideró uno de los ejércitos de Gran Bretaña. Fue un gran líder durante la guerra.

El matrimonio

Washington se retiró de la guerra en 1758. Regresó a casa para casarse con Martha Dandridge Custis.

Washington se convirtió en un líder de la colonia de Virginia.

El final de la guerra

La guerra entre Francia y Gran Bretaña terminó en 1763. Francia dio sus tierras en las colonias a Gran Bretaña.

Gran Bretaña gobernaba entonces
las colonias.

La Guerra Revolucionaria

En 1775, la gente de las colonias quería gobernar su propio país.

Decidieron entrar en guerra con Gran Bretaña.

Eligieron a Washington como líder.

Fue un gran líder en la guerra. Ayudó
a ganar la guerra contra Gran Bretaña.

Un nuevo país

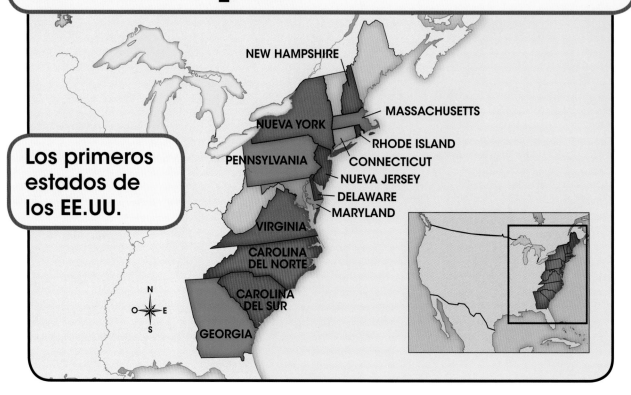

Los primeros estados de los EE.UU.

NEW HAMPSHIRE
MASSACHUSETTS
NUEVA YORK
RHODE ISLAND
PENNSYLVANIA
CONNECTICUT
NUEVA JERSEY
DELAWARE
MARYLAND
VIRGINIA
CAROLINA DEL NORTE
CAROLINA DEL SUR
GEORGIA

Las colonias se convirtieron en un nuevo país. Se convirtieron en los Estados Unidos de América.

En 1789, Washington se convirtió en el primer
presidente de los Estados Unidos.

Por qué lo recordamos

Washington fue un líder importante.
Ayudó a liderar el nuevo país.

Glosario ilustrado

Guerra Revolucionaria guerra en que lucharon las 13 colonias contra Gran Bretaña

colonia un área de tierra que es gobernada por otro país

Línea cronológica

1732 — nace

1789 — es elegido presidente

1799 — muere

Índice

Nota a padres y maestros

Esta serie presenta a prominentes personajes históricos. Subraya los acontecimientos importantes en la vida de cada uno de ellos y el impacto que estas personas tuvieron en la sociedad de los Estados Unidos. Las ilustraciones y fuentes primarias ayudan a los estudiantes a entender mejor el texto.

El texto ha sido seleccionado con el consejo de un experto en lecto-escritura para asegurar que los lectores principiantes puedan leer de forma independiente o con apoyo moderado. Se consultó a un experto en estudios sociales para la primera infancia para asegurar que el contenido fuera interesante y adecuado.

Usted puede apoyar las destrezas de lectura de no ficción de los niños ayudándolos a usar el contenido, los encabezados, el glosario ilustrado y el índice.